BEI GRIN MACHT SICH IHR WISSEN BEZAHLT

- Wir veröffentlichen Ihre Hausarbeit, Bachelor- und Masterarbeit

- Ihr eigenes eBook und Buch - weltweit in allen wichtigen Shops

- Verdienen Sie an jedem Verkauf

Jetzt bei www.GRIN.com hochladen und kostenlos publizieren

Bibliografische Information der Deutschen Nationalbibliothek:

Die Deutsche Bibliothek verzeichnet diese Publikation in der Deutschen National-
bibliografie; detaillierte bibliografische Daten sind im Internet über http://dnb.d-
nb.de/ abrufbar.

Impressum:

Copyright © 2014 GRIN Verlag, Open Publishing GmbH
Druck und Bindung: Books on Demand GmbH, Norderstedt Germany
ISBN: 9783656964582

Dieses Buch bei GRIN:

http://www.grin.com/de/e-book/299801/vorbereiten-einer-milchkuh-zum-melken-
beurteilen-der-eutergesundheit-und

Saskia Petzold

Vorbereiten einer Milchkuh zum Melken, Beurteilen der Eutergesundheit und der Milchqualität (Unterweisung Landwirt/in)

GRIN Verlag

GRIN - Your knowledge has value

Der GRIN Verlag publiziert seit 1998 wissenschaftliche Arbeiten von Studenten, Hochschullehrern und anderen Akademikern als eBook und gedrucktes Buch. Die Verlagswebsite www.grin.com ist die ideale Plattform zur Veröffentlichung von Hausarbeiten, Abschlussarbeiten, wissenschaftlichen Aufsätzen, Dissertationen und Fachbüchern.

Besuchen Sie uns im Internet:

http://www.grin.com/

http://www.facebook.com/grincom

http://www.twitter.com/grin_com

Unterweisungskonzept zur Ausbildereignungsprüfung

Thema der Unterweisung: Ordnungsgemäßes Vorbereiten einer Milchkuh zum Melken, Beurteilen der Eutergesundheit & der Milchqualität

Lernziel: Der Auszubildende soll das ordnungsgemäße Vorbereiten einer Milchkuh beherrschen und mögliche Abweichungen der Eutergesundheit und Milchqualität erkennen können.

Lernort: Melkstand auf dem Betriebsgelände

Ausbildungsberuf: Staatlich geprüfte/r Landwirt/in

Vorkenntnisse des Azubis: laut betrieblichen Ausbildungsrahmenplan, Betriebszweig der Tierproduktion: Milchproduktion

- Haltung
- Verhalten (Umgang mit Rindern)
- Tiergesundheit (Kontrolle)
- Kälberaufzucht

Das Thema ist unter folgenden Punkten des betrieblichen Ausbildungsplanes einzuordnen: § 4 Nr. 4.1 und 4.2 der Verordnung über die Berufsausbildung zum Landwirt/-in

Ausbildungszeitpunkt: 2. Ausbildungslehrjahr

24.04.2014

Zeitdauer: ca. 35 min

Methode: 4-Stufen-Methode

Arbeits- und Ausbildungsmittel:
- Arbeitsschutzstiefel
- Schürze
- Handschuhe
- Vormelkbecher
- Reinigungstücher
- Lehrmaterialien

1

Der Ausbilder:

- ✓ begrüßt den Auszubildenden
- ✓ benennt und erklärt die Arbeitsaufgabe:
  - o das Euter der Milchkuh soll ordnungsgemäß bzw. vorschriftsmäßig vorbereitet werden, bevor das Melkzeug angesetzt wird
  - o Eutergesundheit der Kuh ist zu überprüfen
- ✓ Motivation des Auszubildenden:
  - o weist auf die abwechslungsreiche Arbeit im Umgang mit Milchrindern hin und auf die Verantwortung des Tierhalters im Zusammenhang mit dem Nutztier
  - o weist auf die Verantwortung des Milcherzeugers gegenüber dem Verbraucher hin, der hochqualitative und bedenkenlose Lebensmittel erwartet
  - o weist auf die gesetzliche Verpflichtung bei der Erzeugung von Lebensmitteln hin (Lebensmittelhygieneverordnung)
- ✓ Lernziel:
  - o Der Auszubildende soll die Fähigkeit erlangen, eine Kuh ordnungsgemäß vorzubereiten und überdies erkennen können, wann die Eutergesundheit von der Normalität abweicht.
- ✓ stellt Vorkenntnisse zur Milchproduktion und zum Umgang mit Rindern fest:
  - o Hat Lehrling schon einmal zuvor gemolken?
  - o Erfragt das Verhalten beim Umgang mit Rindern
- ✓ stellt den ordnungsgemäß vorbereiteten Arbeitsplatz vor und positioniert den Lehrling so, dass dieser der Unterweisung optimal folgen kann und jeden Arbeitsschritt gut einsehen und verfolgen kann
- ✓ benennt die notwendigen Arbeitsmittel und deren Aufgabe:

Arbeitsmittel	Aufgabe
- Arbeitsschutzstiefel	> Sicherheit/Schutz der Füße vor Verletzungen, Verhinderung der Durchnässung des Schuhwerkes
- Schürze	> Spritzschutz, abwaschbare und leicht zu reinigende Kleidung
- Handschuhe	> Hygiene, Vermeiden der Übertragung von Keimen, Schutz der Hände vor zu starkem Aufweichen/ Beschädigung der Haut/Austrocknung

- Vormelkbecher	> Sensorische Beurteilung der Milchqualität
- Reinigungstücher	> Reinigung des Euters

✓ weist darauf hin, dass die Arbeitsmittel stets sauber zu halten sind bzw. nach dem Melken ordnungsgemäß gereinigt werden, sodass alle Utensilien in der nächsten Melkschicht gleich einsatzbereit sind

✓ stellt Unfallverhütungsvorschriften bzw. Arbeitsschutzbestimmungen vor und legt hierbei großen Wert auf die Einhaltung der genannten Maßnahmen und Regeln:

- o grundsätzlich am Arbeitsplatz: Einhaltung von Ordnung und Sauberkeit
- o Tragen von ordnungsgemäßer Arbeitskleidung und Arbeitsschutzstiefeln
- o zusammengebundene Haare
- o keinen Körperschmuck, der zu Verletzungen führen könnte
- o ordentlicher Umgang mit den Arbeitsmaterialien
- o vorausschauendes und der Situation angepasstes, verantwortungsbewusstes Verhalten
- o tiergerechter Umgang mit den Tieren
- o aufmerksame Tierbeobachtung
- o Ort des Erste-Hilfe-Kastens und des Feuerlöschers bekannt geben
- o bei Verletzung von Mensch oder auch Tier sind Ausbilder bzw. verantwortliche Mitarbeiter zu verständigen
- o bei Unklarheiten sind Ausbilder bzw. verantwortliche Mitarbeiter zu befragen

✓ erfragt bestehende Unklarheiten und beantwortet die noch ungeklärten Fragen des Auszubildenden

✓ die Aufgabe wird in mehrere Lernabschnitte zergliedert, um dem Auszubildenden einen logischen und systematischen Ablauf der Handlungen zu vermitteln

WAS - LERNABSCHNITT	WIE - DURCHFÜHRUNG	WARUM - BEGRÜNDUNG
1. Arbeitsbereitschaft herstellen	- ordnungsgemäße Arbeitskleidung anziehen und benötigte Arbeitsmittel griffbereit stellen	- Gewährleisten eines reibungslosen Arbeitsablaufes
	- korrekte Körperhaltung	- Vorbeugen von Rückenschäden
2. Ansprechen/ Berühren der Kuh im Melkstand	- ruhiges Ansprechen der Kuh mit Namen oder einfacher Floskeln	- Beruhigung der Kuh bzw. Reduktion von Stress, damit keine Verletzungsgefahr für Mensch und Tier besteht; und zudem keine unnötigen Stresshormone ausgeschüttet werden und die Kuh die Milch zurück hält
	- Berührung am Hinterbein mit der Außenfläche der Hand	- Verhinderung der Keimübertragung auf das Euter
3. visuelle Beurteilung des Euters	- visuelle Betrachtung des Euters, ob eventuelle Verletzungen oder abnormale Vergrößerungen von Vierteln vorliegen oder die Farbe des Euters verändert ist	- Feststellen der äußerlich sichtbaren Eutergesundheit; wenn Abweichungen vorliegen, muss Kuh genauer untersucht werden und gegebenenfalls Maßnahmen eingeleitet werden
4. Vormelken	- Schließen der Faust, mit den oberen Fingern beginnend	- Stimulation des Euters, damit Kuh das Hormon Oxytocin ausschüttet, was die Milchejektion einleitet und der Strichkanal sich öffnet - ausreichende Stimulation notwendig, damit Milchentzug möglichst schnell, schonend und vollständig erfolgt - relativ keimreiche Milch aus der Zitzenzisterne wird abgemolken, wodurch die Zellzahl im Sammeltank gesenkt wird
	- Vormelken in einen Vormelkbecher, etwa 2-3 Strahlen	- gesetzlich vorgeschrieben - Erkennen von Abnormalitäten/ Veränderungen des Milchsekretes

4

		- Überprüfung der Eutergesundheit
		- rasche Einleitung von Maßnahmen, um erkranktem Tier schnell zu helfen
		- Gewährleistung einer hohen Sicherheit des erzeugten Lebensmittels ggü. dem Verbraucher
		- Verhinderung der Kontamination der Klauen bzw. des Melkstandbodens, wodurch eine Verbreitung von Keimen unterbunden werden soll
5. Sensorische Beurteilung des Vorgemelkes	- Überprüfung mittels Sehen und Riechen	- normale Milch: weiß, klar, nicht schleimig/Schlieren bildend, keine Flocken, riecht gut - abnormale Milch: gelblich verfärbt, evt. mit Blut, flockig, schleimige/schmierige/festere Konsistent, übler Geruch - Abnormitäten weisen auf Infektion hin - Milch euterkranker Tiere darf nicht in den Milchsammeltank gelangen, muss aus Verkehr gezogen werden - Kuh muss behandelt oder beobachtet werden > Tierschutz & Tiergesundheit
6. Vormelken der anderen Viertel	- Vormelken und Überprüfung des Sekretes von jedem einzelnen Viertel	- jedes Viertel wird vorgemolken und kontrolliert, da die Viertel durch Septen voneinander getrennt sind und unabhängig voneinander infiziert sein können
7. Euter reinigen	- bei der Euterreinigung sind vorrangig die Zitzen und insbesondere die Zitzenspitze von Kot/ Stroh/ Sägespänen zu reinigen, aber auch der Euterboden - Verwendung von Einmaltüchern, die nur 1x pro Kuh benutzt werden dürfen - diese sind entweder trockene Küchenrolltücher oder sterile Feuchttücher	- gesetzlich vorgeschrieben, dass Melkzeug nur an sauberes Euter angehangen werden darf - Euterreinigung als zusätzliche Stimulation des Euters - Vermeiden der Übertragung von Keimen von Kuh zu Kuh - trocken oder leicht feucht, aber steril > um Erreger nicht in Richtung Zitzenspitze zu waschen mit triefend nassen Lappen

Euterdusche nur im Notfall anwenden	- Euterdusche ist nur bei extrem verschmutzten Tieren anzuwenden	- generell abzulehnen, da mit dem Wasser an der Haut haftende Erreger in Richtung Zitzenspitze geschwemmt werden - zudem klettert bei nassen Zitzen das Melkzeug Richtung Euterboden, was den Fürstenberg'schen Venenring einengt, somit die Melkdauer erhöht, den vollständigen Milchentzug verhindert und das Gewebe belastet
	- wenn Euterdusche, dann anschließend unbedingte Nachtrocknung mit sauberen, trockenen Tuch	- umgehen der Euterdusche, indem man die Stallhygiene optimiert

✓ Abschließend kurze Wiederholung und Zusammenfassung der Arbeitsschritte durch den Ausbilder, sowie konkrete Beantwortung aller Fragen des Auszubildenden

Stufe 3:   Nachmachen   Dauer: ca. 9 min

✓ Der Auszubildende wird aufgefordert zunächst mündlich die Arbeitsabläufe zu wiederholen.

✓ Anschließend führt der Auszubildende die Arbeitsaufgabe am Tier aus und erläutert dazu die einzelnen Arbeitsschritte.

✓ Dabei beachtet der Auszubildende die erläuterten Sicherheitsmaßnahmen und Bestimmungen zum Arbeitsschutz.

✓ Der Ausbilder ist stiller Beobachter, aber greift bei Fehlern bezüglich Abfolge/Tiergesundheit/Tierhygiene oder Missachten von Arbeitsschutzbestimmungen ein, übt konstruktive Kritik und verbessert.

✓ Eventuell wird der Arbeitsablauf zur Festigung und Fehlerminimierung am Ende noch einmal wiederholt.

✓ Der Auszubildende wird zunächst aufgefordert seine Vorgehensweise bei der Arbeitsaufgabe zu reflektieren und seine Leistung/Ergebnis eigenständig einzuschätzen.

✓ Der Ausbilder beleuchtet die Stärken und Schwächen des Lehrlings bei dieser Arbeitsaufgabe und wiederholt eventuelle einzelne, unklare Arbeitsschritte.

✓ Ausbilder fragt nach bestehenden Fragen, die gleich geklärt werden.

✓ Zur Kontrolle des Lernerfolges dieser Ausbildungseinheit stellt der Ausbilder Verständnisfragen:

  o Welche Grundsätze sind beim Umgang mit Milchrindern zu beachten?

  o Wie sollte unbedenkliche Milch aussehen?

  o Was kann man tun, um sehr verschmutzten Eutern vorzubeugen? Wie könnte man eine hohe Stallhygiene erreichen?

  o Warum sollte man ein Eutertuch nicht für mehrere Kühe verwenden?

  o Warum wird in einen Vormelkbecher gemolken?

> Die Antworten werden direkt besprochen und eventuell korrigiert.

✓ Der Ausbilder fordert den Auszubildenden auf, die Arbeitsunterweisung bis zur nächsten Woche in das Berichtsheft sorgfältig einzutragen. Er weist zudem hin auf das Korrekturlesen in der folgenden Woche durch den Ausbilder.

✓ Der Ausbilder spricht den Termin der nächsten Ausbildungseinheit an.

✓ Zum Abschluss erfolgt die freundliche Verabschiedung des Auszubildenden und der Hinweis, dass der Auszubildende am Folgetag wieder im Melkstand mitarbeiten und das Gelernte festigen soll. Bei Fragen und Problemen sind entweder die verantwortlichen Mitarbeiter oder der Ausbilder zu kontaktieren.

BEI GRIN MACHT SICH IHR WISSEN BEZAHLT

- Wir veröffentlichen Ihre Hausarbeit, Bachelor- und Masterarbeit

- Ihr eigenes eBook und Buch - weltweit in allen wichtigen Shops

- Verdienen Sie an jedem Verkauf

Jetzt bei www.GRIN.com hochladen und kostenlos publizieren